ÉXTRAIT DU MONITEUR UNIVERSEL
du mardi 4 mars 1862

DISCOURS

DE

S. EXC. M. BILLAULT

MINISTRE SANS PORTEFEUILLE

DANS LA SÉANCE DU SÉNAT

du 3 mars 1862

MESSIEURS LES SÉNATEURS,

Le Gouvernement comprend que, dans une question qui touche de si près et à la conscience et à la politique, les esprits soient profondément préoccupés ; mais il ne comprendrait pas que, pour juger le présent, pour présumer l'avenir, on oubliât le passé ; il ne comprendrait pas que des hommes d'État, des hommes intelligents, ne tinssent aucun compte de cet élément et qu'ils ne sentissent pas que, dans la conduite d'une politique sérieuse et réfléchie, le passé engage nécessairement le présent et influe sur l'avenir.

Je m'abstiendrai dans la question que j'aborde de toute dissertation superflue ; je préciserai les faits, je les montrerai ce qu'ils sont, et je dirai nettement au Sénat ce que le Gouvernement croit possible.

L'an dernier, nous avons laissé cette question romaine dans une sorte de halte volontaire. Après avoir pris en considération sérieuse la situation et les difficultés, les grandes puissances avaient reconnu que, dans l'état des esprits, dans l'animation réciproque des intérêts, dans l'inflexibilité momentanée des prétentions contradictoires, toute négociation serait prématurée, serait infructueuse. Elles reconnaissaient en même temps que, dans l'intérêt de la paix du monde, tout essai de résoudre les questions par la force était impossible : il n'y avait qu'à attendre du cours des événements des conjonctures plus favorables ; tel a été le point de départ des premiers mois de l'année dernière. De cette époque jusqu'à ce jour, que s'est-il passé ?

J'entends souvent, en dehors de cette enceinte, je dirai volontiers, calomnier les intentions du Gouvernement. Chaque opinion, surtout les plus violentes, lui prête souvent ses propres passions, ses propres désirs, lui suppose, soit pour l'approuver, soit pour le combattre, telle intention politique excessive qu'il n'a jamais eue. Le propre des gouvernements forts et sérieux, c'est de ne pas changer facilement de politique, c'est de suivre constamment leurs principes, c'est d'en vouloir constamment la réalisation ; c'est aussi de ne pas s'effrayer des clameurs momentanées des partis et des passions, mais de marcher quand même et d'attendre patiemment du développement des faits et du bon sens public le succès de combinaisons que des empressements prématurés n'auraient fait que compromettre.

Le Gouvernement a résolûment pratiqué cette conduite. Tout en demandant qu'on ne le jugeât que par ses faits, il s'est décidé à attendre, mais toutes choses restant intactes, et ses deux principes fondamentaux dans cette question demeurant sauvegardés.

Ces deux principes, messieurs, ce sont, l'un, l'indépendance de l'Italie ; l'autre, l'indépendance du Saint-Siége. Dans cette année d'attente, trois faits importants se sont produits. Pour tous les trois, il n'a pas oublié qu'un gouvernement qui se respecte est, à chaque instant, solidaire de sa politique passée ; les engagements pris un jour, il doit s'en souvenir le lendemain, sinon il n'inspire plus aucune confiance ni dans sa loyauté, ni dans sa force, ni dans sa sagesse. Il n'a donc pas oublié qu'au commencement de cette période d'attente volontaire, jusqu'à ce que la raison se fît jour et qu'une conciliation devînt possible, notre ministre des affaires étrangères avait écrit à notre ambassadeur près le Saint-Siége :

« Le pape peut attendre à Rome, en toute sécurité et en toute liberté, l'issue d'une crise qui n'est pas moins douloureuse pour l'Empereur que pour Sa Sainteté. En dehors des stipulations de Villafranca et de Zurich, Sa Majesté n'a pris aucun engagement, et c'est dans un congrès qu'elle pourra donner une nouvelle preuve de ses bonnes dispositions pour le Saint-Siége. »

Cette déclaration précise de l'année dernière est encore aujourd'hui la fidèle expression des intentions de l'Empereur. Il n'a d'engagement envers personne, il n'en a qu'envers la France et les grands principes qu'il défend dans l'intérêt de son pays. Il a donc maintenu le Saint-Père à Rome, et autour de lui le calme et la tranquillité, à l'abri de notre drapeau, attendant patiemment que les faits pussent rendre possible une transaction qui ne l'était pas encore.

J'insiste sur le caractère de l'année qui vient de s'écouler ; il se trouve nettement indiqué dans les principaux faits qui s'y sont produits; leur simple exposé le démontre clairement : deux grandes puissances catholiques communiquent au Gouvernement français leurs préoccupations sur la situation du Saint-Père. Elles lui indiquent, en le remerciant de la protection dont il le couvre, la possibilité d'une entente, d'une conversation commune, de la recherche en commun des moyens propres à résoudre la question.

Le Gouvernement de l'Empereur ne pouvait prendre qu'en bonne part des propositions faites dans la forme la plus amicale, et qu'on me permette de le dire en passant, il ne les apprécia pas au même point de vue que l'a fait un illustre orateur samedi dernier dans cette enceinte. Il ne trouva dans cette similitude et la simultanéité de ces communications rien de blessant pour sa dignité et sa bonne foi. C'est qu'en effet, placé à un tout autre point de vue que l'illustre collègue auquel je réponds, il a avec l'un de ces deux grands gouvernements, l'Autriche, les mêmes relations de bienveillance qu'avec l'autre. Je profite de la circonstance pour le déclarer en passant,— parce qu'il n'est jamais bon, encore moins dans les temps difficiles, d'élever des nuages entre les grandes puissances , — nos relations avec la cour de Vienne sont réciproquement empreintes de bienveillance et de loyauté. J'ajouterai que le blâme légitime formulé par l'illustre orateur contre les attaques odieuses de la *Gazette de Vérone* ne peut retomber que sur cette feuille elle-même. Ce n'est pas la première fois que ce journal étranger et d'autres prodiguent l'insulte à l'Empereur; mais ce n'est pas la première fois non plus que, sans la moindre provocation de notre part, le gouvernement autrichien et son auguste souverain lui-même provoquent spontanément les démentis et la répression de ces injurieux articles.

Ne mêlons donc pas des pamphlets désavoués et sans valeur à des questions si graves; ne compliquons pas, par de griefs mal fondés, les amicales relations de deux grandes puissances; là où il n'y a déjà que trop de passions, n'en apportons pas d'accessoires ; le maintien scrupuleux du respect de soi-même et des autres est un des éléments les plus utiles pour résoudre les grandes questions. (Très-bien). J'en reviens aux propositions de l'Espagne et de l'Autriche;

elles furent sérieusement examinées ; mais jaloux du maintien de nos principes, le Gouvernement dut faire remarquer deux choses.

D'abord les dépêches indiquaient une toute nouvelle doctrine ; elles représentaient le domaine temporel comme une sorte de propriété catholique, placée plus particulièrement sous le protectorat des puissances catholiques et sortant tout à fait des règles ordinaires du droit international ; nous n'admettons pas ce nouveau droit, nous ne connaissons dans les traités que des puissances temporelles stipulant toutes au titre temporel : les traités qui ne sauraient porter atteinte aux choses du monde spirituel sont négociés par les puissances catholiques ou dissidentes, elles ont figuré au même titre dans le traité de Vienne ; cette innovation ne saurait être admise dans le droit européen.

Un autre principe devait également nous préoccuper ; nous avons consacré à la face du monde et la sagesse des puissances a admis avec nous le principe de non-intervention en Italie comme garantie de la paix de l'Europe.

Nous avons fait remarquer aux deux puissances que dès lors, pour le but à atteindre, l'emploi de la force était exclu ; nous leur avons de plus demandé si les relations personnelles qui les lient à quelques-uns des souverains dépossédés leur permettraient de traiter isolément la question romaine.

Mais tout en marquaut ces difficultés, il y a un point sur lequel nous avons formellement constaté notre accord, c'est la communauté de nos sentiments bienveillants envers le Saint-Père, et, dans une dépêche de notre ministre des affaires étrangères aux ambassadeurs d'Autriche et d'Espagne , il a été écrit que « le Gouvernement de l'Empereur n'hésitait pas, en toute hypothèse, à donner l'assurance qu'il n'adhérera, pour sa part, à aucune combinaison incompatible avec le respect qu'il professe pour l'indépendance et la dignité du Saint-Siége, et qui serait en désaccord avec l'objet de la présence de ses troupes à Rome. »

Sous l'influence de ces considérations, la proposition n'a pas eu d'autre suite ; mais le principal ministre de l'une des deux grandes puissances écrivait à son ambassadeur à Paris :

« Qu'il nous suffise donc pour le moment de proclamer avec M. Thouvenel que les plus hautes convenances s'accordent avec les plus grands intérêts sociaux pour exiger que le chef de l'Eglise puisse se maintenir sur le trône occupé par ses prédécesseurs depuis tant de siècles. Nous nous en remettons avec confiance à la

France du soin de faire respecter son opinion,
et nous sommes prêts à la seconder de toutes
nos forces pour assurer le triomphe incontesté
d'un principe que nous regardons comme la
base de tout ordre social. »

A ce premier épisode en succède un se-
cond...

Le royaume d'Italie est reconnu par l'Empereur des Français.

Des considérations d'une haute importance
nécessitaient cette détermination. Nous avions,
en rompant nos relations avec ce pays, mar-
qué un juste mécontentement pour des faits
que vous connaissez tous ; mais des intérêts
considérables sollicitaient la modification de
cet état de choses. Je ne parle pas seulement
des intérêts matériels des deux pays, de
leurs relations réciproques d'affaires commer-
ciales et personnelles, de l'urgente nécessité de
se mettre d'accord sur l'observation des traités
de commerce passés antérieurement avec les
pays aujourd'hui annexés, etc.

Des intérêts politiques de premier ordre
étaient aussi engagés ; il s'agissait de savoir si
nous laisserions croire aux ennemis de l'indépendance italienne que désormais nous res-
tions étrangers à la grande œuvre à laquelle
nous avions si glorieusement coopéré ; il s'a-

gissait de soutenir moralement dans ce pays la politique sage et organisatrice contre les incessantes attaques d'une démagogie menaçante, infatigable, et contre laquelle le gouvernement monarchique avait besoin des plus fermes appuis. Il fallait à ce point de vue prendre en sérieuse considération le vide immense que venait de faire à Turin la mort de l'homme éminent qui avait présidé à la naissance de la liberté italienne, les embarras que créait au roi d'Italie la perte de cet homme si résolu, si énergique, si habile, et dont l'immense popularité en imposait aux agitateurs. Ce n'était donc pas seulement des intérêts matériels, mais des intérêts politiques les plus graves, et peut-être éventuellement de la paix du monde qu'il s'agissait.

Le royaume d'Italie fut reconnu ; mais pour que cette reconnaissance n'entraînât aucune équivoque en ce qui concerne la question romaine, le Gouvernement français s'expliqua nettement, et pour le passé et pour l'avenir. Il rappela au gouvernement italien qu'il ne fallait y voir ni l'approbation rétrospective d'envahissements blâmés par lui, ni un encouragement à des entreprises de nature à troubler la paix du monde. Il répéta que toute agression nouvelle de la part des Italiens n'obtiendrait ni son concours ni son appui, et il ajouta : « Nous n'entendons nullement affaiblir la valeur des protestations formulées par la cour de Rome contre l'invasion de plusieurs provinces des Etats pontificaux... et, tout en reconnaissant le roi d'Italie, nous devons continuer d'occuper Rome tant que des garanties suffisantes ne couvriront pas les intérêts qui nous y ont amenés. »

L'Italie comprit bien ces réserves et n'en accepta pas moins avec reconnaissance notre déclaration.

Là encore, vous le voyez, le Gouvernement a nettement maintenu ses principes; il a maintenu également et l'indépendance de l'Italie et celle du Saint-Siége.

Un troisième fait s'est présenté.

Le gouvernement italien croyait avoir trouvé entre la cour de Rome et lui une combinaison qui donnerait au nouveau royaume cette capitale romaine à laquelle aspirent tant de manifestations populaires. Par cette combinaison, il prétendait résoudre la difficulté temporelle et garantir cependant l'indépendance du Saint-Siége.

Je ne m'arrêterai pas à en examiner les termes, vous les connaissez : notre Gouvernement n'a pas cru devoir s'en faire l'intermédiaire; elle ne lui a paru ni opportune ni acceptable. (Très-bien! très-bien!)

Voilà, messieurs, le passé de l'an dernier avec ses traits caractéristiques : ce passé explique et commande le présent.

L'Empereur, vous le voyez, n'a en aucune circonstance rien abandonné des principes de sa politique ; il continue de vouloir fermement à la fois et l'indépendance de l'Italie et l'indépendance du Saint-Siége. (Très-bien! très-bien!)

Je sais bien que les termes du problème étant ainsi posés, le problème semble au moins momentanément insoluble. Nous allons examiner tout à l'heure ce que la politique conseille en présence de contradictions en apparence si absolues.

L'Empereur a voulu cependant essayer une tentative de conciliation : il ne faut pas se le dissimuler, la situation est grave et pleine de périls, elle entretient des agitations et des inquiétudes profondes.

La surexitation des passions contraires peut amener des embarras, des conflits de tout genre. A Rome, il y a deux jours, une manifestation silencieuse mais considérable s'est produite en face de nos soldats : un fatal hasard ne peut-il pas un jour ou l'autre amener les plus regrettables éventualités? L'agitation contenue reste permanente.

Dans toute l'Italie, l'incertitude de la situation entretient un trouble souterrain et subversif dont la monarchie italienne pourrait être ébranlée.

Nous savons bien les espérances insensées qui, sans la main puissante de l'Empereur, se fussent brisées devant la force autri-chienne. (Vive approbation.)

Nous savons les folles paroles avec lesquelles on enivre les peuples, en leur criant : l'Italie fera par elle-même !

Oui, elle a fait par elle-même, mais à l'ombre du drapeau français et sous l'aile de nos aigles victorieuses ; l'armée piémontaise est brave ; son roi est résolu et courageux ; ils ont vaillamment combattu. Et cependant cette poignée d'hommes braves, pas plus que les éléments désordonnés amenés par l'enthousiasme populaire, n'eussent pu résister aux supériorités du nombre et de la tactique autrichienne. (Nouvelle approbation.) Mais qui persuadera la prudence et le sentiment de leur insuffisance aux entraînements révolutionnaires? Nous savons les périls qui menacent de ce côté l'Italie et la paix; nous n'ignorons pas qu'une expédition folle, provoquée par quelques insensés, peut amener une conflagration et qu'il suffit d'une étincelle pour mettre le feu à l'Europe. (Mouvement.)

Nous savons aussi qu'en France les esprits s'animent, s'excitent; que cette excitation se mêle à tout, et que cet état n'est pas bon pour un pays si facilement impressionnable.

Nous savons ces périls. Il faut savoir aussi comment les conjurer; il faut savoir si les solutions extrêmes qu'on propose auraient cette efficacité, ou si plutôt, au lieu de finir la crise, elles n'en avanceraient pas le moment, elles n'en aggraveraient pas l'intensité; si elles n'amèneraient pas des éventualités plus menaçantes encore!

La sagesse n'est pas de se jeter tête baissée dans les difficultés, mais de les regarder en face, de les tenir sous sa main et de les résoudre au moment voulu. (Très-bien! très-bien!)

L'Empereur, ainsi que je le disais, a voulu essayer une conciliation. S'adressant tout d'abord au Saint-Père, mettant dans sa démarche les ménagements les plus délicats, il n'a eu avec la cour de Turin aucun pourparler préalable; il n'a voulu indiquer au souverain pontife aucune idée préconçue. Il s'est borné à faire dire à la cour de Rome : Les choses ne peuvent continuer longtemps ainsi ; des périls de toute nature nous menacent, vous menacent, la religion en souffre, la paix des esprits en est troublée ; celle de l'Europe peut être compromise : que voulez-vous faire pour combattre ces redoutables éventualités ? Libre de tout engagement, j'ai réservé envers vous la situation tout entière, soit dans un congrès, soit dans une négociation régulière, soit dans une conversation officieuse. Je mets à votre disposition ma bienveillance et mon autorité. Remarquez bien, messieurs, cettte déférence, ces ménagements extrêmes avec lesquels le Gouvernement de l'Empereur a procédé. Un refus absolu a été la réponse. (Très-bien ! très-bien !)

Nous voilà donc en présence du Saint-Père, ou plutôt de son gouvernement temporel, refusant toute négociation, et d'une autre puissance engagée, elle aussi, par la parole de son roi, par celle de ses ministres, par les délibérations de ses assemblées, à obtenir que Rome devienne la capitale du nouvel empire. Que faire encore une fois entre ces deux contradictions ? Faut-il donc choisir entre une réaction violente qui, conformément à la demande du

Saint-Siége, le rétablira par la force dans l'intégrité de ses possessions, ou l'évacuation de Rome, qui laisserait à des événements prochains la tâche de résoudre la question en renversant le trône du Saint-Père et troublant profondément la catholicité? Non, messieurs, aucune de ces deux solutions n'est acceptable; il ne faut ainsi céder la conduite des événements ni aux aveuglements de la résistance, ni à ceux de prétentions exagérées; il faut résolûment attendre encore que la raison publique, que les faits, que la Providence qui, elle aussi, se mêle aux affaires de ce monde, détendent la situation; il faut que jusque-là la puissance de la France, la main ferme de son Souverain maintenant le calme de cette situation provisoire, on puisse dire à toutes les consciences qui se lassent, à tous les esprits qui s'agitent: La solution n'est pas encore possible, attendez, mais soyez certains qu'elle viendra. (Très-bien! très-bien!)

On a parlé d'une réaction qui rendrait au Saint-Père ses anciennes provinces. Est-il donc besoin de discuter ici cette question? Qui, dans cette enceinte, après les engagements pris, après les déclarations de notre adresse de l'an dernier, après l'évidence acquise que ce principe a sauvé la paix de l'Europe, oserait protester contre la non-intervention, contre la souveraineté nationale, et réclamer la compression des populations, la restauration par la force d'un gouvernement qui ne pourrait se soutenir lui-même, qu'il faudrait maintenir par la violence et qui, le jour où la violence aurait cessé, disparaîtrait, emporté par une tempête populaire? (Sensation.)

L'autre jour, en étudiant dans le passé cette situation romaine si féconde en tristes événements, et cependant si immobile dans ses agitations perpétuelles, je retrouvais cette doctrine de l'intervention des gouvernements étrangers pour faire la police des Etats et rendre aux souverains dépossédés les sceptres que leurs peuples avaient arrachés de leurs mains. Elle fut autrefois formulée dans un congrès resté célèbre, proposée par l'Autriche en 1820, acceptée par deux autres grandes puissances et pratiquée en leur nom ; mais elle fut, avec une énergie indicible, repoussée par la France et par son roi.

Le ministre des affaires étrangères de cette époque, M. le baron Pasquier, a laissé dans une note cette parole énergique : « Contraires à tous les principes du droit des gens, de pareils rêves ne sont pas l'enfance, mais la caducité du droit public. »

Je n'insiste plus sur ce point, l'insistance serait superflue. Mais si la réaction, si la restitution par la force au Saint-Père des populations qu'il a perdues; si le maintien par la force sous son sceptre de ces mêmes populations est impossible, est-ce que l'autre hypothèse extrême l'est moins? Croirez-vous que dans la situation actuelle il soit possible à la France d'évacuer Rome sans renier ses principes, sans mentir à son passé, sans exposer l'Europe tout entière à une conflagration dans laquelle il lui faudrait bien intervenir, car elle y serait forcée, mais dont elle ne serait pas maîtresse? (Marques d'approbation.)

J'ai écouté, messieurs, avec toute l'attention qu'elle mérite, la puissante argumentation d'un illustre orateur. Dans cette argumentation, j'ai reconnu des principes et des tendances que le Gouvernement de l'Empereur ne saurait accepter. (Très-bien! très-bien!) L'honorable orateur a fait entendre que peu lui importait d'être désavoué par le ministre commissaire du Gouvernement (S. A. I. le Prince Napoléon fait un signe d'assentiment), qu'il savait bien qu'au fond sa pensée finirait par être celle de l'Empereur. La pensée de l'Empereur, messieurs, est celle dont je suis l'organe : j'ai pouvoir spécial pour la déclarer devant vous. (Mouvement très-marqué d'approbation.)

J'ai seul ce pouvoir sur cette question dans cette enceinte ; comparez d'ailleurs dans le passé la politique professée par l'illustre orateur, et celle pratiquée par l'Empereur, vous y trouverez des différences profondes. (Nouvelle approbation.)

L'illustre orateur a dit que la pensée de l'Empereur avait, dès l'origine, été pour l'unité italienne. Je dois, en passant, rectifier cette assertion : l'unité italienne est désormais un fait accompli que, dans sa profonde sympathie pour l'Italie, il regretterait profondément de voir troubler ; mais au premier jour, quand il porta ses aigles au delà des Alpes, ce qu'il voulait, ce qu'il annonçait dans ses proclamations, c'était bien l'affranchissement de l'Italie, mais c'était son affranchissement de la domination d'une puissance étrangère. (C'est cela ! très-bien !) Ce qu'il voulait : c'était la confédération de tous les Etats italiens réunis sous la présidence honoraire du Saint-Père.

« Soldats, » disait-il à son armée, dans la proclamation du 12 juillet 1859, « les bases de la

« paix sont arrêtées avec l'empereur d'Autriche :
« le but principal de la guerre est atteint ; l'Ita-
« lie va devenir pour la première fois une na-
« tion ; une confédération de tous les Etats
« d'Italie, sous la présidence honoraire du
« Saint-Père, réunira en un faisceau les
« membres d'une même famille. »

Vous le voyez donc bien, quand l'Empereur portait son drapeau glorieux sur le sol italien, c'était l'unité par la confédération qu'il entendait réaliser ; ce n'était pas pour renverser les souverains, pour détruire la puissance du Saint-Père, pour tout confondre dans le problème redoutable et complexe de l'unité italienne. Il n'y allait que pour une seule et glorieuse chose, profitable à la fois à la France et à l'Italie ; il y allait pour affranchir les populations de la domination étrangère, et briser sur leur tête le joug des Autrichiens. (Très-bien ! très-bien !) Je me rappelle encore avec quel sentiment de tristesse, au retour de sa glorieuse campagne, lorsqu'il exprimait les grandes raisons qui l'avaient déterminé à faire la paix, il nous disait : « Croyez-vous donc que ce n'est pas sans quelques regrets que j'ai laissé inachevé mon programme, et qu'au lieu d'affranchir l'Italie jusqu'à l'Adriatique et Venise, je me suis arrêté au Mincio ! »

Il ne s'agissait pas alors de la partie méridionale de l'Italie ; ce n'était que de l'Occident vers l'Orient et contre la domination autrichienne que marchait notre armée.

A chacun dans l'histoire la gloire de sa sagesse et la perspicacité de sa politique ; ce que l'Empereur a voulu, c'est la confédération des peuples et leur liberté constitutionnelle sous le gouvernement de leurs souverains rendus par l'expérience favorables à leurs vœux. (Vive approbation.)

Messieurs, ce n'est pas la première fois que j'ai l'occasion de le dire, mais permettez-moi l'expression de ce sentiment personnel : peut-être, si ces combinaisons profondément sages avaient été comprises et par les peuples et par les souverains qui y étaient encore plus intéressés que les peuples, peut-être s'y trouverait-il la solution heureuse des difficultés qui nous pèsent si fort en ce moment? (Très-bien ! C'est très-vrai !)

Je reviens à l'examen des possibilités et des conséquences de l'évacuation de Rome.

En vous proposant cette évacuation, un illustre orateur vous disait : « Que devrait donc faire mon Gouvernement ?....

Quelques sénateurs. Notre Gouvernement.

M. le ministre. Notre Gouvernement à tous, c'est évident.

Plusieurs séna'eurs. Oui, cela s'entend ainsi.

M. le ministre. Le Prince, dans son discours, disait indifféremment : Mon Gouvernement, mon Souverain ; cette locution ne saurait motiver d'interruption.

S. A. I. le Prince Napoléon, *aux sténographes.* Notez l'interruption.

M. le ministre. « ... Que devrait donc faire mon Gouvernement? Stipuler d'abord, pour le mettre en dehors du débat, tout ce qu'il faut pour l'indépendance spirituelle du Saint-Père, pour son honneur, son indépendance financière et de toute nature.

« Voilà pour le chef spirituel. Ceci fait, et ces bases, je n'ai pas à les indiquer à cette tribune, les hommes d'Etat doivent les rechercher dans leur cabinet... »

Messieurs, je ne suis pas de cet avis ; il me semble au contraire très-bon, pour apprécier un système dans ses possibilités ou impossibilités pratiques; d'en connaître les bases. Ce qui préoccupe au plus haut degré l'Europe catholique, est précisément l'indépendance du Saint-Père. Quelles sont donc les bases de la combinaison qui doit garantir ce résultat capital? Seraient-ce celles qui ont été présentées par M. Ricasoli? Elles n'ont pas été approuvées par la France : je comprends l'empressement patriotique qui fait désirer à l'illustre orateur de trouver une solution ; mais quand il s'agit d'un problème si difficile, on ne peut se contenter ni de généralités, ni de renvoi à l'étude des hommes d'Etat.

Il faut dire nettement ce que l'on veut. Nous le disons, nous (Très-bien! très-bien!) : la première condition du problème, le maintien de l'indépendance spirituelle du Saint-Père reste donc une inconnue qu'il s'agit toujours de dégager.

Le Prince ajoute :

« Les bases de l'indépendance spirituelle du Saint-Père une fois admises, il faut qu'elles soient notifiées à Rome. L'Italie les acceptera, pour peu qu'elles soient raisonnables. Elles le seront si la France les propose. Le pape, alors, se trouvera vis-à-vis de ses populations; nous évacuerons Rome, et si, ce qu'à Dieu ne plaise! des passions anarchiques devaient être prévenues dans la ville éternelle, si un danger quelconque devait s'en suivre pour la personne du pape, le Saint-Père aura l'assurance que les soldats italiens sauraient défendre, dès qu'il le demanderait, et protéger sa souveraineté spirituelle. »

Qu'est-ce à dire ? Les soldats italiens défendraient-ils le Saint-Père et son trône, ou seulement sa personne en s'emparant de sa capitale et la livrant au roi Victor-Emmanuel?

En matière si grave, il est bon, quand on

propose une solution, d'y mettre une entière clarté !

Un grand Gouvernement a la responsabilité de sa conduite. Il n'a pas seulement la responsabilité de ses paroles dont l'influence passe, mais aussi la responsabilité de ses actes. Quand on lui propose un grand acte à faire, il faut qu'il en connaisse bien toutes les conditions pour qu'il en puisse apprécier toutes les conséquences. (Très-bien ! très-bien !)

Au fond, le résultat immédiat de cette combinaison c'est l'insurrection dans Rome contre le pouvoir pontifical : ce n'est malheureusement pas là une hypothèse, c'est une réalité certaine ; la population de Rome, malgré qu'on en dise, malgré l'aveuglement incroyable du gouvernement romain, la population de Rome est dans un tel état d'effervescence que si le drapeau de la France n'ombrageait pas la tiare, la tiare serait malheureusement foulée aux pieds. Les signes de ce dangereux état de choses, l'aveuglement des gouvernements en décadence peut ne pas les voir, mais ils ne sauraient être méconnus par des hommes sérieux, et il y a bien longtemps qu'ils sont signalés par eux.

Ne nous le dissimulons pas : le jour où la

France évacue et laisse le Saint-Père seul en face de ses peuples, le gouvernement temporel tombe et s'écroule (Sensation), et le gouvernement spirituel est emporté avec lui ; c'est bien en face de cette éventualité qu'il faut se placer.

« Alors, continue le Prince, quand le pape se trouvera vis-à-vis des Romains, il avisera : s'il ne gouverne pas bien, si les Romains, entraînés par le désir qu'ils peuvent avoir de vouloir constituer la capitale de l'Italie, se portent à des manifestations respectueuses, mais régulières, le Pape cédera son pouvoir temporel ou quittera Rome.

« S'il quitte Rome, ce sera, je le reconnais, une occasion de grands troubles pour certaines consciences catholiques, ce sera un malheur, mais l'unité de l'Italie en sortira triomphante. »

J'en doute, messieurs.

Plusieurs sénateurs. Très-bien ! Vous avez raison !

M. le ministre. Mais précisons les éventualités. Nous quittons Rome dans un mois, dans six mois, sans aucune précaution prise, sans aucun arrangement spécial qui garantisse la situation du Saint-Père : une émeute, une révolution éclate avec ses violences inévitables, avec ses patriotiques intentions peut-être, mais avec ses crimes aussi ; la supposi-

tion la plus favorable, c'est que le Saint-Père
et le sacré collége puissent s'échapper sains et
saufs. Mais si, par malheur, il y avait contre
les membres du sacré collége, contre la majesté du Père des fidèles des outrages commis,
non pas par la population, je ne lui fais pas
cette injure, mais par les natures violentes et
emportées qui se mêlent toujours aux mouve-
ments populaires, croyez-vous que la France et
l'Empereur n'en auraient pas une profonde
douleur et une grande responsabilité? (Oui!
oui! Bravo! bravo! — Sensation.)

Mais je suppose que cet affreux malheur
n'est pas arrivé : tout, dans cette révolution,
s'est passé aussi bien que possible ; nous avons
abandonné le Saint-Père ; nous avons oublié
que nous l'avions ramené à Rome ; nous
avons oublié dix années d'ingratitude peut-
être de la part de sa cour, mais de grandeur,
de magnanimité de la part de notre Souverain. Le pape est fugitif. Croyez-vous que
l'Europe n'en sera pas profondément troublée?
que les agitations religieuses ne contribueront
pas aux agitations matérielles? que cette
grande puissance morale restera elle-même
inactive? qu'elle ne remuera pas les esprits,
qu'elle n'agitera pas les consciences, et que des

souverains plus ou moins ambitieux, plus ou moins sensibles à leurs griefs passés, ne chercheront pas à exciter et à utiliser ces agitations au profit de leurs combinaisons politiques?

Ne voyez-vous pas là un brandon enflammé tout prêt pour la main qui voudra mettre le feu aux affaires de ce monde? tout cela assurera-t-il bien la paix de l'Italie, de la France, de l'Europe?

Ces grandes forces morales qui jouent dans le monde un rôle immense, qui ont une puissance énorme, universelle, ne se suppriment pas ainsi; elles ne sont pas tout dans les affaires humaines, mais elles y ont une influence redoutable, et il faut savoir en tenir compte. (Très-bien! très-bien!)

Croyez-vous d'ailleurs que les puissances catholiques qui nous ont proposé de protéger avec nous le Saint-Père auront abjuré leurs sentiments, en même temps que nous aurons abjuré les nôtres? Je n'admets pas que, violant le principe de non-intervention sans souci de la France, elles se précipitent immédiatement sur l'Italie. Mais cependant, en vertu de quel droit sommes-nous à Rome? N'est-ce pas par une violation exceptionnelle de ce principe de non-intervention que nous

avons fait prévaloir dans le reste de l'Italie ?
De graves motifs d'ordre supérieur ont motivé
cette exception : mais quelle grâce aurons-
nous envers ces puissances à leur dire : J'ai
protégé le pape pendant dix ans, mais je ne le
protége plus ; et moi qui le protégeais hier, je
vous défends de le protéger aujourd'hui. (Très-
bien ! très-bien ! bravo ! Applaudissements.
Sensation prolongée.)

Avant d'adopter cette résolution radicale, il
est bon, vous le voyez, d'en prévoir les conséquences. Le Gouvernement de l'Empereur
est un gouvernement profondément libéral,
mais profondément prudent. Il désire modifier
bien des choses de ce monde ; il n'en précipite
aucune et il tient compte de toutes les difficultés.

Donc ni réaction ni évacuation : il n'y a de
possible que de transiger, et s'il le faut, pour
y amener les intérêts opposés, ne nous lassons
pas et sachons attendre.

Est-ce que cela serait impossible ?

Quant au gouvernement italien, il est
certes fort engagé. Et cependant, dans sa sagesse commandée par la force des choses, il
proclame bien haut qu'il ne veut rien faire
que d'accord avec la France ; que c'est une
question de conviction morale, de triomphe

moral ; qu'il ne veut aller à Rome ni par la violence, ni par l'insurrection, ni par des procédés contraires au droit des gens ; qu'il ne saurait y penser. (Très-bien !)

Il accepte d'un autre côté le principe d'une négociation sous les bons offices de la France.

Certes, en présence de cette position ainsi prise, les difficultés sont encore considérables. Les embarras populaires et gouvernementaux en Italie sont grands. Et cependant, si les circonstances, si les réflexions des hommes d'Etat de la cour de Rome, si l'illumination si désirable de leur conscience et de leur esprit politique venaient à rendre possible une combinaison raisonnable, donnant à tous des garanties sérieuses, je n'hésite pas à espérer et à croire que le gouvernement italien l'accepterait de la main de l'Empereur.

Les peuples, messieurs, ont plus de reconnaissance qu'on ne le dit ; et l'Italie, qui doit à l'Empereur son indépendance et sa liberté, pourra bien faire sous son influence quelque chose pour la paix du monde. (Très-bien !)

Je suis donc convaincu que, quant au Piémont, si un arrangement acceptable était présenté, la difficulté serait résolue.

Mais il ne faut pas se le dissimuler : le grand obstacle est à Rome.

Le gouvernement temporel du pape restera-t-il donc incurablement affecté de cette inflexibilité invincible que proclame la correspondance ?

Je ne parle pas ici du Saint-Père, je ne parle pas de l'infaillibilité de l'Eglise dont il est le représentant, mais bien de son gouvernement temporel et de sa faillibilité très-évidente; je parle des infirmités de ce gouvernement temporel, et des conseils qu'on peut lui donner. Je sais bien que le mélange de l'infaillibilité spirituelle avec les faiblesses de la faillibilité temporelle donnent aux hommes d'Etat qui représentent la politique romaine une certaine rigidité, une certaine résistance naturelle à tous les conseils. Mais enfin, ces hommes d'Etat ne sont-ils donc pas, comme les autres, accessibles aux leçons de l'expérience? Ces leçons répétées, et répétées encore, ne leur ouvriront-elles donc jamais les yeux ? Ne pouvons-nous donc pas leur dire : Voyez tous les maux que votre obstination a produits ! Au lendemain de Solferino, le Saint-Père pouvait rendre à l'Italie les plus éminents services. Président glorieux et respecté d'une confédération libre, il conservait à la fois et ses Etats et sa haute influence. Cette offre vous fut faite à la seule condition qu'une modification laïque dans le gouvernement des Légations vînt satisfaire à des nécessités que cinquante ans d'occupations étrangères successives n'avaient que trop démontrées, et que M. Rossi lui-même, dès 1830, signalait comme inévitable : vous avez tout refusé.

Les événements marchant, une seconde offre vous fut faite : abandonnez le territoire perdu ; renoncez à ces provinces frémissantes que vous avez dix fois fait occuper par l'étranger, sans pouvoir les dompter jamais ; tout le reste de vos possessions territoriales vous sera garanti par la France, par l'Europe ; vous avez encore refusé. Les embarras grandissant, le vicariat des provinces, institution qui avait des analogues dans le passé, est encore possible ; vous le rejetez ! Mais enfin les événements se précipitent ; votre royaume s'en va en lambeaux. Ce qui vous reste de population, vous ne pouvez le contenir que par la force étrangère : acceptez donc au moins que, sous le bienveillant accord de la France et de l'Autriche, les puissances catholiques vous composent une petite armée qui maintiendra le pape sur son trône ; acceptez qu'une liste civile souscrite par toutes les puissances catholiques assurent la splendeur du Saint-Siége ; ainsi la situation deviendra immuable au temporel comme elle l'est au spirituel. Acceptez donc ! et un nouveau refus a encore repoussé ces instances. Est-ce que le tableau saisissant de cette résistance obstinée et de ses déplorables résultats ne finira point par toucher ces hommes d'Etat, dont les esprits après tout ne sont pas médiocres, et dont les consciences restent chargées envers le monde catholique de la responsabilité de tout ce qui peut arriver au Saint-Père. Quand ajoutant à cette grande leçon d'expérience, on leur rappellera comment leur gouvernement a été jugé même par ses meilleurs amis ; quand on leur montrera que, de 1830 jusqu'à ce jour, il n'est point un homme sérieux, ayant résidé à Rome, qui n'ait tenu sur leur aveuglement le même langage et prophétisé les mêmes malheurs ; que nos ambassadeurs, que nos ministres, que les personnages politiques les plus dévoués aux idées religieuses, les mieux disposés pour la cour de Rome, n'ont cessé de répéter que la situation était impossible, que le gouvernement pontifical marchait à sa chute, que cette immuabilité absolue était sa perte, ne comprendront-ils donc pas que, mobiles par essence, les choses de ce monde ne sauraient supporter cette immobile obstination; que l'immobilité, qui fait la force des choses célestes, est la ruine des choses temporelles ! Permettez-moi de citer quelques paroles d'un homme qui fut tout dévoué au Saint-Père, et qui l'a payé de son sang. En 1847, M. Rossi, alors notre ambassadeur à Rome, écrivait à M. Guizot :

M. Rossi à M. Guizot.

« 28 juillet 1847.

« Dans dix ans, dans vingt ans, je n'en sais rien, il n'y aura pas, dans les Etats italiens, un homme, une femme, un fonctionnaire, un magistrat, un moine, un soldat qui ne soit avant tout national.

« Qu'y faire, à moins qu'on ne prétende exterminer l'Italie, et en faire une terre d'ilotes? Il faut bien se résigner à ce qu'un avenir plus ou moins lointain révèle ce qui est dans son sein. »

Il concluait par la nécessité pour le Saint Siége de donner satisfaction au sentiment national.

J'ai là, sous la main, dix passages de notre correspondance diplomatique, tous, dans ce sens, plus énergiques les uns que les autres.

Ecoutez un autre homme dont la pensée triste et inquiète sur l'avenir du Saint-Siége allait, du moins, je l'espère, au delà de la réalité : l'honorable M. de Rayneval, tout en rendant hommage au gouvernement pontifical, s'en expliquait avec une tristesse profonde :

« La catastrophe peut être ajournée, disait-il, mais non évitée, et la question de la chute du pouvoir temporel n'est qu'une affaire de temps. »

S. A. I. le Prince Napoléon. Très-bien ! très-bien !

M. le ministre. Ces tristes prophéties, et ces conseils de réforme, je les trouve partout, ainsi que la conviction générale de l'impuissance où se trouve le pouvoir temporel de se maintenir sans de profondes modifications. Trouverons-nous donc toujours insensibles ces hommes d'Etat de la cour romaine, qui ont de si grands devoirs envers leur souverain et envers la catholicité, quand on leur montrera si clairement ce qu'ont produit leur obstination absolue, cet aveuglement, ce parti pris de ne rien comprendre, de ne rien voir, de ne pas même lire dans les événements de ce monde ce que le doigt de la Providence y trace en caractères si éclatants ? Je concevrais ces résistances, si elles étaient basées sur une obligation spirituelle.

On nous cite le serment d'intronisation des souverains pontifes. Mais qui connaît l'histoire sait bien quelle est l'origine de la bulle qui a prescrit ce serment. A cette époque, la souveraineté temporelle du pape ne craignait pas sa diminution par la guerre, elle en espérait plutôt son augmentation ; du moins avait-elle obtenu par elle des accroissements de territoire encore tout récents. Mais ce qu'elle craignait, c'était sa diminution par le népotisme, par les faveurs excessives qu'accordait à sa famille la faiblesse du souverain. (Mouvement.)

Cette bulle fut une précaution politique pour défendre contre les parents du pontife le domaine du pontificat ; ce fut donc à ce point de vue exclusif que ce serment fut imposé au souverain pontife, et le Saint-Père, arbitre suprême en matière de serment, ne saurait s'abuser sur la portée de celui qu'il a prêté à cet égard.

Aussi voyons-nous dans la pratique que le vénérable Pie VI, à Tolentino, n'a pas hésité ; que Pie VII, en 1814 et 1815, n'a pas hésité davantage à abandonner Avignon et le comtat

Venaissin à la France, à l'Autriche la rive gauche du Pô.

Il n'y a donc ici aucun de ces liens spirituels, aucun de ces obstacles qu'on ne saurait lever, aucune de ces obligations qui tiennent à la conscience et devant lesquelles la politique s'incline.

Si encore ce gouvernement temporel que je voudrais convaincre avait un système, une politique; s'il avait mis dans les mains du souverain pontife le maniement d'une arme quelconque pour combattre de pareils embarras !

Mais qu'a-t-il fait, depuis le jour où l'Empereur offrit au saint-siége une nouvelle splendeur, une nouvelle vie, avec la présidence de la confédération italienno, et où ces offres furent rejetées?

La plus profonde inertie d'abord, puis un appel impuissant à l'agitation des consciences; puis la demande de se garder avec ses propres troupes et celles de Naples. Naples ! qui allait s'écrouler, et dont les troupes allaient lâchement tourner le dos devant l'insurrection !

Qu'a-t-il demandé encore?... De se garder lui-même; vous avez vu cet essai, son impuissance, et au bout de combien peu de temps s'est réalisée cette conviction de M. de Rayneval, consignée dans une de ses dépêches, qu'une armée pontificale est impossible à Rome, impossible par le naturel des habitants, par la forme du gouvernement, par les principes qui la dominent, par toutes les conditions dans lesquelles elle est constituée.

Puis, par un dernier effort, au mois de septembre 1860, une encyclique a été publiée contenant le blâme énergique du principe de non-intervention et demandant le secours armé des puissances. Et comme l'Europe était sourde à ces provocations, le gouvernement pontifical s'est résigné et n'a plus rien fait.

Attendre pour la religion, c'est une grande politique (*patiens quia æternus*). La religion est sûre de son avenir indéfini; elle peut attendre. Mais attendre pour les intérêts temporels et pour le domaine temporel, attendre et ne rien faire quand il est attaqué de tous les côtés, c'est évidemment le compromettre ; le domaine temporel, même celui du Saint-Père est livré aux fluctuations des affaires de ce monde. Suivant les décrets de la Providence, il a existé, s'est accru ou a diminué.

Il n'y a pour lui rien d'immuable, rien ne saurait l'envelopper dans l'immobilité spirituelle. Il faut donc se résigner à avoir pour lui

le bon sens des gouvernements temporels et
défendre le temporel du Saint-Siége avec les
moyens temporels de ce monde. (Très-bien!)

En présence de ces faits, de ces raisons plus
éclatantes que le jour, il est impossible que les
yeux ne s'ouvrent pas enfin à Rome. On vous
demande, messieurs, dans votre adresse, l'expression nette de votre pensée à cet égard : il
ne faut pas vous dissimuler que le rejet des
paroles de l'adresse sur ce point serait un embarras énorme de plus dans la voie déjà si difficile des négociations et des influences. Connaissez bien le terrain sur lequel il faut agir...
Au-dessous de cette sphère spirituelle dans laquelle nos respects maintiennent le Saint-Père,
il y a la sphère du gouvernement temporel,
qu'il nous est permis de juger par la raison et
d'apprécier avec les yeux de la politique.

Eh bien! l'influence de la France dans ce
milieu gouvernemental a besoin d'être forti-
fiée ; ce milieu ne lui est pas sympathique ; il
faut bien que vous le sachiez : il ne suffit pas
de contempler de loin l'auréole qui enveloppe
le trône du Saint-Père ; au-dessous de cette auréole il y a des hommes et leurs faiblesses.
Dans la sphère temporelle de ce gouvernement
se retrouvent et s'agitent comme ailleurs

toutes les passions, les entraînements de la nature humaine.

Nos ambassadeurs connaissent depuis longtemps cette Rome souterraine ; ils en savent les détours, les embarras et les difficultés. Permettez-moi de vous dire en peu de mots ce qu'ils en pensent.

Je ne citerai pas ceux dont la parole vive et énergique doit rester dans le secret de la correspondance diplomatique. Je n'en citerai qu'un seul, parce que, précisément à raison de sa bienveillance bien connue envers la cour de Rome, sa parole sur ce point aura encore plus d'autorité. M. de Rayneval le 25 août 1849 écrivait :

« Je ne puis dire que cette nouvelle (celle de l'intervention française pour rétablir le pape à Rome) ait été reçue avec une très-grande joie ; elle a surpris et offusqué ; je l'ai souvent répété : *on subissait notre concours*, on ne le désirait pas. Un refus de la France, qui eût laissé le champ libre à l'Autriche et à Naples, eût comblé tous les vœux de la cour de Gaëte. J'en excepte le pape qui de tous nourrit le moins de préventions contre nous. »

A ce passage bien significatif, quoique sur un fait spécial, M. de Rayneval dans d'autres dépêches ajoutait d'autres détails tout aussi significatifs.

Le 14 octobre 1851, il signalait ce qu'il ap-

pelle, permettez-moi cette confidence épisto-
laire, ce qu'il appelle le parti clérical et ultra,
ce sont ses paroles. « Ce parti, ajoutait-il, en-
trave les moindres actes du gouvernement pontifical... Je veux parler du parti clérical par
excellence, du vieux parti qu'on appelle jus-
tement rétrograde, qui compte dans ses rangs
la majorité des cardinaux et des prélats. »

Tel est le terrain, messieurs, sur lequel doit
agir notre influence. Des convictions et des
antipathies politiques, des croyances religieuses, des intérêts personnels menacés ou
froissés, car ces grandes révolutions ne se
font pas sans y porter atteinte : telles sont
les difficultés avec lesquelles il faut que nous
comptions. Le Saint-Père est bien au-dessus de
ces misères : mais, pour la partie temporelle
de son administration, il est entouré, il est
conseillé, influencé naturellement, nécessairement par le milieu dans lequel il vit.

Ce milieu, nous pourrons, je l'espère, obtenir sur lui l'ascendant de la raison et de l'intérêt pontifical bien compris, mais à une condition, c'est qu'on ne puisse dire que, sur la
question, les grands corps de l'Etat sont divi-
sés, qu'il existe dans le Gouvernement, dans
les Chambres, des influences contraires aux vo-

.lontés du Gouvernement lui-même et qui ap-
prouvent et soutiennent les résistances romai-
nes. Si cette espérance était donnée, ces résistances redoubleraient ; le *statu quo* est si facile,
il est si commode de fermer les yeux et de
dormir quand le péril n'est pas éclatant,
quand le terrain ne se mine que sourdement !
Gardons-nous de nous prêter à ce sommeil
funeste, il y va des intérêts de la France et de
la catholicité.

Nous n'aurons pas de nos efforts une grande
reconnaissance : lors de la reprise de Rome,
« j'en ai malheureusement la triste certitude,
écrivait M. de Rayneval, nous marchons à un
état de choses hérissé de difficultés ; nous ver-
sons notre sang ; on ne nous en saura aucun
gré ; nous restaurerons le Pape, et nous aurons
toutes les peines du monde à obtenir quelques
concessions à nos idées. » Ces dispositions fâ-
cheuses n'ont pas changé, et vous voyez quels
obstacles il y a à vaincre.

L'illustre orateur auquel j'ai déjà fait allu-
sion vous disait : Avec la cour de Rome, il
n'y a qu'un moyen d'obtenir, c'est d'être ar-
dent, énergique, résolu ; de la mettre en face
des difficultés matérielles.

Je n'irai pas aussi loin ; c'est cependant un

conseil qui se retrouve fréquemment dans nos correspondances diplomatiques, et peut-être sera-t-il bon de le pratiquer dans une certaine mesure.

En feuilletant cette correspondance diplomatique qui, à la fois, inspire un grand intérêt et une profonde tristesse, — car je ne connais rien pour l'homme d'Etat, en même temps que pour le chrétien, de plus triste que cet aveuglement continu, bien intentionné sans doute, mais bien périlleux et ouvrant la porte aux éventualités les plus dangereuses, — j'ai trouvé dans la parole d'un très-éminent cardinal romain, très-intelligent, très-rompu aux affaires, excellent appréciateur de l'esprit de son gouvernement, un passage qui ne me paraît pas sans intérêt au point de vue de la conduite que nous avons à tenir aujourd'hui.

Dans une dépêche du 20 décembre 1832, M. de Saint-Aulaire, notre ambassadeur, rendait compte d'une conversation qu'il avait eue avec S. Em. le cardinal Bernetti, alors ministre dirigeant de la politique pontificale. Il s'agissait de cette éternelle question des Légations, de ce pays sans cesse soustrait par l'insurrection au pouvoir du Pape, et sans cesse rendu par les baïonnettes autrichiennes à l'autorité pontificale. L'Europe, la France notamment, insistaient pour que quelques concessions fissent cesser ce périlleux état de choses.

« Le cardinal, dit M. Saint-Aulaire, s'exprimant avec plus d'abandon qu'il n'a coutume de le faire, m'a répondu à peu près en ces termes : Mon opinion personnelle est que *cette sécularisation est inévitable*; elle aura lieu un peu plus tôt ou un peu plus tard ; mais jamais le pape ne la prononcera et il aura raison :

« 1° Parce qu'il ne lui convient pas d'assumer sur lui les haines que provoquera une existence ruineuse et humiliante pour les cardinaux;

« 2° Parce que cette mesure proclamée spontanément par le Pape, a pour conséquence prochaine la destruction complète du gouvernement ecclésiastique; si c'est le vœu du peuple qui pousse aujourd'hui la prélature hors des Légations, le même vœu s'exprimera demain dans les Marches avec non moins de violence, et après demain dans l'Ombrie. Pourquoi le Pape refusera-t-il aux uns ce qu'il aura accordé aux autres? La condition sera meilleure en cédant aux grandes puissances; blessé par elle dans les droits du souverain indépendant, au moins n'aura-t-il pas donné à ses peuples une preuve encourageante de sa faiblesse. Il lui vaut mieux *se résigner à la volonté formellement exprimée de l'Europe*, que de s'avouer vaincu par ses sujets et de se laisser arracher une concession plus fatale encore par sa conséquence qu'en elle-même. »

En d'autres termes, la politique du cardinal Bernetti, qui est bien celle de la cour de Rome, en face de nécessités inévitables, se résumait en ces paroles caractéristiques, transmises ces jours derniers par un autre homme éminent : « Ne pas offrir, ne pas accepter, mais subir. » Nous ne voulons pas en arriver là. Ce n'est pas la force, mais la raison, mais les exigences du plus simple bon sens que nous invoquerons.

Mais, dans cette négociation délicate, ce qu'il nous faut par-dessus tout, c'est qu'on nous sache forts, résolus et unis. Dans cette occurrence, tenez pour certain que l'assentiment net et positif d'un grand corps comme le Sénat, où l'on sait que les idées religieuses ont une si grande puissance, aura une influence considérable sur les esprits de la cour pontificale. Tenez pour certain que, quand on saura bien à Rome que le Sénat, comme l'Empereur, comme le Corps législatif, comme toute la France catholique, ayant les yeux plus ouverts qu'on ne semble les ouvrir dans la sphère temporelle à Rome, voient les dangers et les périls, et supplient le Saint-Père de comprendre que l'immobilité, qui est la force de la religion, est la perte des couronnes ; qu'il faut absolument, dans le domaine temporel, avoir l'esprit de transaction et de conciliation que commandent les nécessités temporelles, ce sera une manifestation considérable et qui peut être sur l'esprit du Saint-Père d'une grande autorité. (Très-bien! très-bien!)

On vous disait l'autre jour: La question est mûre, il faut la résoudre, il faut la trancher et savoir ce que vous voulez. Eh bien, le Gouvernement de l'Empereur sait parfaitement ce qu'il veut, et aussi ce qu'il ne veut pas.

S. A. I. le Prince Napoléon. Qu'il le dise!

M. le ministre. Il l'a dit et il va le répéter. Il ne veut pas de réactions qui, envahissant les provinces révoltées, les rendraient pieds et poings liés au Saint-Père. Il ne veut pas de l'évacuation, qui livrerait Rome à la révolution, amènerait la chute de la puissance pontificale et soulèverait dans tout le monde catholique un trouble profond; il entend concilier les deux extrêmes. Il ne veut sacrifier aucun des deux principes fondamentaux pour la politique de la France.

Il veut que, d'une part, l'Italie qui lui doit tout, et de l'autre, le Pape qui lui doit beaucoup, et encore plus la religion dont il est le chef, comprennent les nécessités de leurs situations respectives. Il croit en la force du sens commun ; il ne désespère pas d'amener la France, l'Europe, le monde catholique tout entier à comprendre des nécessités évidentes. Des débats comme celui que nous allons clore avancent beaucoup la situation. Au milieu des exagérations et des hypothèses extrêmes, la raison fait son chemin. La prudence de l'Empereur, son calme, sa bienveillance parfaite, son inébranlable volonté d'assurer également et l'indépendance du Pape et la grandeur de l'Italie, finiront, croyez-moi, par donner force à ses conseils.

N'hésitez donc pas à dire nettement votre pensée telle qu'elle est consignée dans votre adresse, ne prenez pas pour un manque de respect ce qui est l'expression loyale de vos sentiments politiques. (Vive approbation.)

Ce n'est pas la première fois qu'un souverain (ne l'êtes vous pas aussi, vous, dans la sphère constitutionnelle de vos droits?) a exprimé nettement au Saint-Père des appréciations sincères et d'utiles conseils.

Parmi les rois de l'ancienne monarchie, l'un des plus grands, Louis XIV, lui parla parfois le langage le plus énergique. Le plus saint de nos rois, saint Louis, savait aussi, à l'occasion, lui parler avec une vigoureuse franchise.

Ne confondez donc pas, je le répète, le silence avec le respect, la soumission spirituelle avec la saine appréciation de la question temporelle. Rendez à ce souverain que vous vénérez à un double titre l'immense service de lui dire respectueusement la vérité ; montrez-lui le péril qui le menace, faites-lui voir les dangers qui peuvent achever de lui faire perdre ce qui lui reste de son domaine. Au milieu de toutes les passions, de toutes les excitations, l'Empereur est résolu à tenir ferme le drapeau de la modération et de la conciliation. Et croyez-le bien, il faut plus de fermeté et d'énergie pour cette longue patience que pour se jeter tête baissée dans les résolutions extrêmes. (Très-bien ! très-bien !)

Aidez-le donc, soutenez-le, et ne vous divisez pas dans votre vote. Après les explications échangées dans ce débat, il est bien constant que nous voulons le maintien, l'indépendance du Saint-Siége. Pour y contribuer, parlez avec nous le net et énergique langage de la grande politique : il y va de la paix de la catholicité, il y va de la paix des consciences. Encore une fois votre langage vrai, mais se limitant aux choses temporelles, ne saurait porter aucune atteinte à votre affection pour le père commun des fidèles, quand vous donnez a son gouvernement temporel de salutaires conseils.

Sous cette inspiration, votez donc tous ensemble ce paragraphe de l'adresse. Votre unanimité aura son poids sur les difficultés de la situation.

(Après les dernières paroles du discours de l'orateur-ministre éclatent à plusieurs reprises des salves de bravos auxquels succèdent de bruyants applaudissements. Des cris animés de : *Aux voix ! aux voix ! la clôture !* se font entendre sur tous les bancs.)

M. le Président. La clôture est demandée. Elle est prononcée. Je mets aux voix le § 10.

(Le § 10, mis aux voix, est adopté par acclamation.)

Typographie E. PANCKOUCKE et Cⁱᵉ, quai Voltaire, 13.